OBSERVATIONS

SUR

L'HISTOIRE MILITAIRE

DEPUIS

LOUIS XIV JUSQU'A NOS JOURS.

✦

BRUXELLES.

G. STAPLEAUX, IMPRIMEUR-ÉDITEUR,

Rue de la Montagne, 51.

1851

OBSERVATIONS

sur

L'HISTOIRE MILITAIRE

DEPUIS LOUIS XIV JUSQU'A NOS JOURS.

————

Bien que cet opuscule ne rende point compte de toutes les histoires militaires de cette longue période et quoiqu'il ne puisse être considéré comme un travail complet, nous croyons pouvoir le classer parmi les plus intéressantes notices qui aient été publiées dans les revues militaires.

Toutefois nous devons prévenir nos lecteurs que cet ouvrage, rédigé à différentes époques, doit nécessairement manquer un peu d'homogénéité et renfermer quelques répétitions. Il eût été possible, sans doute, d'y remédier; mais nous avons cru devoir respecter le travail de l'auteur, bien qu'il l'ait donné à un de nos amis sans y attacher la moindre importance et sans se douter qu'il serait publié un jour (1).

————

L'histoire militaire, comme toutes les sciences, a eu des moments de splendeur et de décadence. Le sujet, très-aride en lui-même, ne comporte pas le même degré d'élévation que les produits d'une imagination féconde et

————

(1) *Cette notice fut rédigée en 1827 pour une revue qui cessa de paraître; l'auteur la retoucha en 1837 et y ajouta, depuis, quelques réflexions sur des ouvrages publiés postérieurement.*

livrée à ses propres inspirations. Des récits multipliés de combats prêtent peu aux déclamations éloquentes, à moins qu'on ne sacrifie les réalités pour leur substituer les admirables fictions d'Homère. Tout, dans l'histoire militaire, semble au contraire devoir être positif et compassé, comme les manœuvres qui en sont l'objet principal; car on n'a pas toujours des siéges de Troie ou des combats des Thermopyles à raconter.

Les anciens ont eu sur nous un avantage marqué pour ce genre d'écrits : la toge était inséparable de l'épée; on n'arrivait aux dignités que sous le poids d'une cuirasse, ou à l'abri d'un bouclier. Les rangs de l'armée, étant l'école des sénateurs, durent fournir beaucoup d'hommes aptes à écrire. Les combats se décidaient à l'arme blanche : on s'abordait, on se choquait, on se pressait; le moindre engagement amenait une multitude de combats singuliers; et il y a dans le récit de pareils faits bien plus de vie que dans les feux de peloton exécutés sur place, qui décidèrent la plupart des batailles à la fin du xviiie siècle. Si à tous ces motifs on ajoute l'intérêt fantastique, mais plein de force, que les augures, les demi-dieux, l'intervention de l'Olympe donnaient à ces récits, on ne doit pas être étonné de la chaleur des écrits de Tite-Live, de Xénophon, de Polybe et de César.

Le moyen âge fut totalement dénué d'écrivains militaires, les relations de combats n'y sont que des sortes de romans; et dans un siècle où il n'existait ni science politique, ni grandes combinaisons de guerre, il eût été bien difficile de donner à l'histoire le même attrait qu'on trouve dans les anciens. Charlemagne seul fit exception dans cette longue période, et néanmoins, il n'eut pas un historien digne de ses exploits.

Dans des temps plus rapprochés, Robertson et Gaillard se sont illustrés, en décrivant le siècle remarquable de François Ier et de Charles-Quint : Gaillard surtout a présenté plusieurs campagnes avec une rare intelligence. Guichardin lui avait montré le chemin, et ses intéressants récits, quoiqu'un peu longs, prouvent qu'il n'était pas plus étranger à la politique qu'à l'art de la guerre. Ces écrivains eurent peu d'imitateurs : dès lors, l'histoire s'est, pour ainsi dire, divisée en deux genres distincts : les uns se sont uniquement appliqués aux intrigues des cours et aux combinaisons de la politique, tandis que de lourds détails militaires étaient l'unique objet des autres.

C'est de la guerre de trente ans que l'on peut faire dater l'histoire militaire moderne. Les relations que Schiller en a données ne peuvent, malgré leur mérite, être classées dans l'histoire militaire. Les mémoires de Monte-cuculli, qui appartiennent à la même époque, sont un mélange de principes de tactique et de fragments historiques, un pêle-mêle d'un intérêt réel; mais ils ne méritent pas qu'on donne au rival de Turenne le titre de Végèce moderne, que Turpin de Cressé, son traducteur, lui a si généreusement décerné. En définitive on peut dire que Gustave-Adolphe n'a pas eu d'historien à la hauteur de ses exploits.

Le siècle de Louis XIV semblait fait pour réveiller tous les genres de gloire littéraire. Cependant il s'en faut de beaucoup que les historiens de ce temps nous aient rien transmis de satisfaisant. Les relations de Quincy, comme les bulletins panégyristes de Dumont, ne présentent que des idées partielles, ne racontent que des faits mal liés, souvent obscurs et entièrement dénués d'impartialité et de saine critique. Le grand Frédéric fut le premier parmi les modernes dont les écrits aient égalés les récits de César; encore l'*Histoire de mon temps* et celle de la guerre de sept ans manquent-elles souvent d'une exposition bien claire de l'emplacement des deux partis au moment des chocs décisifs, et la politique l'emporte sur la lucidité desrelations de batailles.

En reconnaissant cette pénurie de bons historiens militaires et en cherchant à en pénétrer les causes, on les trouve dans la difficulté même du genre. Rien n'est plus facile que de tracer à grands traits les événements d'une guerre, lorsque l'auteur possède lui-même les connaissances de l'art nécessaires pour les bien juger. Par exemple, il est fort simple d'analyser en deux lignes la destruction de Mack à Ulm : c'est une armée autrichienne qui, s'étant avancée sur le Danube, entre Ulm et Donauwerth, se voit débordée par sa droite, coupée de Vienne, refoulée dans Ulm, forcée de capituler et de mettre bas les armes. Mais ces analyses larges et rapides des faits principaux, comme le Discours de Bossuet sur l'histoire universelle, ne suffisent pas à l'histoire militaire d'une grande époque, bien moins encore à l'étude spéciale de l'art de la guerre.

Les conditions requises pour un ouvrage de cette nature sont nombreuses ; les principales sont :

1° Le choix de bons documents ;

2° Une juste mesure des détails nécessaires pour que le lecteur puisse saisir les principaux mouvements des masses respectives, sans tomber dans des détails puérils qui embrouillent l'esprit le plus investigateur, et rendent un récit lourd, ennuyeux et incompréhensible ;

3° Une exposition claire des chances, des moyens et des projets des deux partis ;

4° Une narration aussi rapide que la complication des faits peut le permettre;

5° Des jugements impartiaux et fondés sur des principes, et non sur de basses flatteries ou sur de déplorables préventions;

6° Une juste appréciation des circonstances particulières qui influent si souvent sur les événements de la guerre, telles, par exemple, que des considérations politiques, des accidents fortuits, ou des ordres supérieurs émanés des cabinets.

Il faut convenir que peu d'ouvrages modernes remplissent toutes ces conditions, et que dans le fait cela est difficile. Si l'auteur est contemporain, il fera le panégyrique de sa nation, ou du parti qu'il aura embrassé, et il ne connaitra pas toutes les circonstances : s'il décrit les faits d'une génération précédente, il ne le fera que sur des versions contradictoires, dont il lui sera difficile d'apprécier la véracité.

Les difficultés sont telles pour un contemporain, qu'Asinius Pollion reprochait à César une foule d'inexactitudes dans le récit des faits, et les attribuait à la nécessité de s'en rapporter aux renseignements de ses subalternes. Cette accusation, contre laquelle on s'est tant récrié, ne paraitra pas extraordinaire à ceux qui savent que Napoléon même ignora jusqu'à sa mort les particularités décisives de plusieurs de ses victoires et de ses revers.

Il ne faut donc pas s'étonner si ce genre d'écrits, qui offre tant de difficultés et dont la matière est si ingrate à traiter, n'a pas produit autant de chefs-d'œuvre que les autres branches de l'histoire.

Le marquis de Quincy a été un des premiers qui aient donné des détails didactiques intéressants sur les campagnes de Louis XIV ; mais son lourd travail est défectueux sous tous les rapports. D'abord les chances et les projets des deux partis n'y sont pas exposés ; les faits sont mal liés. Trop avare de renseignements généraux, il tombe quelquefois dans une ennuyeuse nomenclature des moindres détachements préposés à la garde d'une tranchée.

Les écrivains du xviiie siècle, qui ont successivement consacré leur plume au récit des campagnes de Marlborough, de Turenne, de Condé, du prince Eugène, pèchent par un défaut non moins grave ; rien n'y est lié, ni coordonné : ce sont des biographies partiales.

Par exemple, la campagne de Turenne sur le Rhin en 1672 est incompréhensible dans Ramsay. Cet écrivain nous dit gravement que son héros, à la tête de 16 mille hommes, fut chargé de s'opposer à la marche de 43 mille Austro-Prussiens qui, sous Montecuculli, cherchaient à joindre le prince d'Orange. « Turenne, dit-il, se campe à « Mülheim près de Cologne, ce qui rend la jonction impos- « sible ; et par cette position, il force l'ennemi à se retirer « à 25 lieues plus loin. » Il faudrait une grande dose de pénétration pour concevoir comment 16 mille Français, adossés au Rhin vers Mülheim, purent forcer 43 mille hommes à se retirer à 25 lieues plus loin, par le fait seul de leur position et sans le moindre combat. On ne conçoit pas davantage comment un petit corps campé à Mülheim peut intercepter toute jonction entre deux armées qui ont cent lieues d'espace à droite et à gauche pour opérer.

Le dernier historien de Marlborough, parlant du grand mouvement qu'il fit pour se porter de Flandre en Bavière, et qui eut pour résultat la fameuse bataille de Hochstedt ou de Blenheim, affirme que le corps conduit par le général anglais sur le Rhin était de 18 mille hommes, *et que tout le reste de l'armée se rendit par détachements à Heilbron sur le Necker.* Cependant il est probable que le duc laissa au moins la moitié de ses forces pour couvrir la Hollande, et on voit en effet plus loin que le maréchal Overkerque resta vers Maestricht, et le corps de Fagel en Flandre. Dès lors, l'incertitude la plus complète doit régner sur la quantité de troupes qui fut employée au mouvement principal; et l'on ne sait que penser des Français, qui n'y opposèrent aucune mesure convenable.

Une lacune encore plus déplorable est celle qui concerne l'armée gallo-bavaroise, sous les ordres de l'électeur et de Marsin; il n'est pas dit un mot de la position où elle se trouvait, lorsque Marlborough s'approcha de Donauwerth et accabla le brave maréchal d'Arco au Schellenberg. Comment comprendre une opération, lorsqu'on omet entièrement de parler de l'une des deux armées qui doivent entrer en scène? Mille détails oiseux encombrent la relation de la bataille d'Hochstedt. L'auteur emploie des pages entières à expliquer comment Tallard fut pris; mais il ne songe pas à dire que la bataille fut perdue d'une manière si désastreuse, parce que l'armée française se trouvait divisée en deux grandes masses, reliées seulement par une ligne très-étendue de cavalerie formant le centre; en sorte que la plus forte de ces masses, la droite, étant appuyée au Danube, devait infailliblement y être acculée, dès que la cavalerie, arme mobile, incapable de défendre une position, serait forcée de céder. Marlborough, habile à profiter d'une pareille faute, culbuta le centre des Français, déborda leur droite, la refoula sur le Danube et fit prisonniers les 27 bataillons que son adversaire avait maladroitement entassés dans le bourg de Blenheim.

La trop fameuse relation des trois dernières campagnes de Turenne, par Grimoard et Beaurain, n'est guère moins défectueuse. Avec une grande prétention au laconisme, Grimoard a négligé les expositions générales, nécessaires à bien établir l'emplacement des masses respectives ; tandis qu'il s'est appesanti parfois sur un détachement de 200 dragons. Il n'a ni précision, ni clarté, ni saine critique. De tous les écrivains de cette époque, Feuquières fut le seul qui sut porter une critique lumineuse dans ses récits, mais il n'écrivit que des mémoires partiels.

Nous nous sommes un peu étendu sur ces matières, pour faire voir que l'histoire militaire d'un siècle, que l'on a voulu présenter comme classique, est un vrai galimatias, et que cette histoire est véritablement encore à faire.

La guerre de sept ans signala l'ère d'un double progrès : Frédéric le Grand voulut, à l'exemple de César, être son propre historien, et, comme nous l'avons dit plus haut, ses deux ouvrages intitulés *Histoire de mon temps* et *Histoire de la guerre de sept ans*, sont des monuments dignes de son génie, bien que, sous le rapport spécialement militaire, ils offrent quelques lacunes regrettables pour les hommes de l'art qui tiennent à connaître à fond les opérations avant de les juger. Malgré cela on peut affirmer que ce sont les seuls ouvrages du xviiie siècle où la politique et la guerre se trouvent heureusement mélangées dans une juste proportion, et où les événements militaires soient parfaitement appréciés par le prince même qui en dirigeait tous les fils.

Le général anglais Lloyd avait commencé l'histoire de la guerre de sept ans, mais il ne l'acheva pas ; il avait retracé les campagnes de 1756 et 1757 sur un assez bon plan, quoiqu'il fût un peu trop didactique pour une histoire. Le gouvernement prussien, blessé avec raison de ses critiques, encouragea le colonel d'artillerie Tempelhof à les combattre, tout en terminant l'histoire des campagnes suivantes jusqu'à la paix de 1762.

Cet ouvrage, qui fit époque dans la littérature militaire allemande, offrait en effet un intérêt palpitant pour les militaires studieux, avides de s'initier aux moindres détails des marches, des campements, du mouvement des magasins et des boulangeries : il fit pour ainsi dire école, du moins en Allemagne. S'il fut aussi prodigue de fastidieux détails que Quincy l'avait été dans l'histoire de Louis XIV, il sut du moins les faire oublier par de sages discussions et par des aperçus généraux qui manquaient à celle-ci. On comprend que l'on donne les renseignements les plus minutieux sur les positions et les camps qui furent le théâtre d'un combat ou d'une bataille ; mais décrire tous les jours des formations de colonnes et de camps pris passagèrement à 20 lieues de l'ennemi, et encombrer ses récits du placement de détachements les plus insignifiants, c'est ennuyer ses lecteurs et détourner leur esprit des combinaisons principales qu'il s'agit de faire bien saisir. Le plus grand inconvénient de cette manie fut que les états-majors se crurent obligés d'y conformer leurs rapports et même leurs ordres de mouvements ou d'attaque, et tombèrent ainsi dans un pédantisme inconcevable.

La France produisit aussi quelques histoires partielles pour les deux guerres de la succession d'Autriche et de sept ans. Les mémoires des maréchaux de Saxe, de Noailles, de Broglie, sur la première de ces guerres, sont d'un faible intérêt ; on y trouve des faits, mais rien qui puisse les faire juger sous le double rapport de la tactique et de la stratégie.

Les mémoires historiques sur la guerre que les Français ont soutenue en Allemagne depuis 1757 jusqu'en 1762, par le lieutenant général de Bourcet, est l'ouvrage le plus intéressant que nous ayons sur les campagnes du Hanovre. Son auteur dirigea, avec le marquis de Maillebois, l'état-major des tristes généraux que le cabinet de Versailles mit à la tête de ses armées. Ces mémoires, qui ne furent jamais achevés, et auxquels on a joint divers suppléments, et notamment une relation des campagnes du maréchal de Broglie, dénotent une érudition incontestable; mais ils se ressentent de l'esprit de ceux qui dirigeaient les opérations de ces campagnes qui ne laissent aucune trace du génie naturel de la guerre.

Le colonel Jomini, frappé dans sa jeune inexpérience des détails intéressants que donnait Tempelhof sur les opérations de Frédéric le Grand, conçut le projet de traduire l'ouvrage de ce général en le comparant aux guerres de la révolution; il tira de ce grand ensemble la preuve qu'il existait des principes généraux qu'aucun écrivain militaire n'avait jusque-là ni indiqués ni développés.

Mais s'étant aperçu bientôt, que ces détails oiseux sur des campements ou sur des marches de troupes exécutées hors de la présence des ennemis ne pouvaient avoir aucun intérêt pour l'histoire, il ne se borna pas à réduire des trois quarts les narrations minutieuses de l'auteur prussien, il fit même une seconde édition, puis une troisième, qui n'en offraient que des extraits toujours comparés aux opérations modernes. Le but entièrement didactique de cet ouvrage ne permet pas de le ranger dans la catégorie des *histoires :* toutefois le titre de *Traité des*

grandes opérations militaires que l'auteur lui donna, e
les chapitres stratégiques dont il est parsemé, n'empê-
chent point de le considérer comme une relation militaire de la guerre de sept ans (1).

De nos jours, quelques essais sur les guerres de la révolution ont été tentés. Toulongeon, Mathieu Dumas, Jomini,
Grimoard, Beauvais ont écrit sur les premières campagnes, avec un succès différent. Toulongeon, plus politique
que militaire, manquait totalement de matériaux sur les
opérations des alliés et a fait mille bévues dans le récit
des faits, comme dans les jugements. Dumas, écrivain
éloquent, a souvent sacrifié le fond à la forme et s'en
est aussi trop fréquemment rapporté aux bulletins des
deux partis: doué d'une vaste érudition, il en fait peut-être
trop d'étalage, et panégyriste intrépide, il loue à la fois
les vainqueurs et les vaincus, quelques fautes qu'ils aient
commises. A ces défauts près, le *Précis des événements
militaires* tiendra longtemps un des premiers rangs parmi
les ouvrages de ce genre, par l'élégance de son style et le
charme de ses descriptions.

Nous ne nous étendrons pas autant que nous le vou-
drions sur les ouvrages historiques du général Jomini,
nous sommes trop étroitement lié avec lui pour être juge
impartial en ce qui le concerne; cependant nous ne saurions nous dispenser d'en dire deux mots, selon notre
conscience. Si ce général est loin de posséder l'éloquence, qui sait répandre un charme merveilleux jusque

---

(1) Au moment où nous mettons cette notice sous presse, nous recevons
une nouvelle édition de ce Traité, la quatrième, à laquelle l'auteur a ajouté
comme introduction un récit des plus intéressants de la guerre de la succession
d'Autriche (1742 à 1748), lutte qui immortalisa Marie-Thérèse aussi bien
que son redoutable antagoniste.   (*Note de la rédaction.*)

dans les relations les plus sèches, il offre en échange aux militaires des points de vue constamment rattachés aux principes. Sa dernière histoire des guerres de la révolution, qu'il ne faut pas confondre avec son *Traité des grandes opérations*, présente un intérêt qu'on ne saurait lui contester, de quelque manière qu'on envisage la partie politique et la forme de cet ouvrage.

Quelques personnes lui ont reproché avec raison de s'être laissé parfois entraîner à trop de détails sur les événements accessoires. Bien que l'école de Tempelhof ait en effet contribué à l'égarer dans ses premiers volumes, il faut avouer qu'il n'a pas entièrement dépendu de lui de se tracer un plan uniforme; car les matériaux ont dû souvent lui manquer. On voit par exemple qu'il n'a pas eu sur les campagnes de 1794 et de 1800, sur les armées autrichiennes de Cobourg et de Kray, des renseignements aussi précieux que sur celles du duc d'York et de Mélas. Il n'est pas étonnant dès lors qu'il ait décrit la bataille de Hohenlinden ou celle de Fleurus avec moins de vigueur et de précision que celles de Marengo et de Rivoli, dont il a connu les circonstances les plus particulières des deux côtés. Il s'est un peu abandonné à des dissertations sur les affaires de Suisse, parce que c'était son pays et sa cause. On lui pardonnera plutôt cela, que ses relations de la contre-révolution de Naples en 1799, qui sortaient par trop de son cadre et qui ne sont pourtant pas dénuées d'intérêt pour les affaires de la haute Italie. On voit du reste évidemment que ce chapitre a été extrait de mémoires particuliers et n'est là qu'un accessoire.

Les *Victoires, conquêtes et revers des Français*, rédigés sous la direction du général Beauvais, sont un assemblage de faits présentés isolément, et par cela même dénués de liaison et de points de vue régulateurs. On a dit avec fondement de cet ouvrage, que c'est *une archive nationale.* Il a été écrit dans ce but et il l'a atteint; il contient des renseignements précieux, mais il est loin d'être une *histoire.*

La littérature militaire française est assez riche en écrits partiels sur des périodes détachées; les mémoires des maréchaux Suchet et Saint-Cyr sur les guerres de Catalogne, ceux de Soult ou de Lenoble sur les campagnes de Portugal et d'Espagne, et ceux de Guingret, de Lapenne, de Lafaille et de Naylies, renferment des idées satisfaisantes sur les combinaisons, sur les moyens et sur les obstacles de ces guerres. Il serait injuste de ne pas accorder aussi quelque mérite aux relations de Dedon, sur les armées du Rhin et d'Helvétie.

Plusieurs écrivains un peu moins exclusivement spéciaux ont publié des ouvrages intéressants sur les guerres de la révolution et sur celles de l'empire, entre autres Saintine, Mortonval, Saint-Maurice, Martin, Viennet; tous ont plus ou moins de mérite, mais ce sont des œuvres de circonstance qui pèchent, tantôt par esprit de parti, tantôt par des raisonnements stratégiques dénués de solidité, et aussi très-souvent par le manque de renseignements sur les armées ennemies.

Avant de parler des écrits partiels sur les campagnes de l'Empire, disons un mot des historiens des autres nations.

L'Allemagne a été inondée depuis trente ans d'une foule d'ouvrages et de feuilles militaires; et dans le nombre, il y en a plusieurs qui tiennent un rang distingué. Tempelhof retraçant les exploits de Frédéric, a renchéri, comme on l'a dit, sur la prolixité de l'historien français de Louis XIV.

Les campements et les marches y sont rapportés avec une minutieuse complaisance, qui dépare ce précieux ouvrage, au point qu'on lui préfère généralement les mémoires de Retzow. Le comte de Dohna, le général Gravert, ont écrit les campagnes des Prussiens en 1793; formés à l'école de Tempelhof, ils n'ont fait qu'amplifier les défauts de leur devancier. Ces ouvrages, considérés comme des journaux d'armée, sont excellents pour les jeunes officiers qui ont la patience de les lire la carte à la main et d'en étudier attentivement tous les détails : mais il y a loin de là à une bonne histoire militaire. Porbeck a traité avec succès la campagne de Hollande; mais ce livre n'est qu'un journal minutieux dont il faudrait supprimer la moitié. Bulow a écrit la campagne de 1800, plutôt dans un but didactique qu'historique. Un des écrivains les plus estimables de nos jours, le docteur Posselt réunissait toutes les qualités qui auraient pu faire de lui un excellent historien militaire. Professeur de droit, Posselt avait l'instinct naturel de la guerre; et les *Annales Européennes*, auxquelles il a donné une si juste réputation, ont prouvé ce qu'il eût été à même de faire, s'il avait eu le temps de se vouer exclusivement aux relations des guerres contemporaines, et que son génie eût été éclairé et guidé par les principes régulateurs de l'art militaire, qui ont été développés peu de temps après lui. Une mort prématurée a privé l'Europe de ce publiciste, au grand regret de ses nombreux lecteurs.

Les généraux Muffling et Valentini, les colonels Ruhle et Wagner en Prusse, le général Stutterheim, le major Scheel en Autriche, Venturini et Aster en Allemagne, se sont distingués par des fragments historiques pleins de mérite. La superbe collection des batailles

de la dernière guerre par Wagner est un chef-d'œuvre de topographie; les relations des batailles y sont
claires, impartiales, dégagées d'enflure. Il est malheureux
que l'auteur ait adopté ce genre décousu : il aurait dû lier
ces événements mémorables dans un corps d'histoire. Une
recherche trop exacte de la vérité l'a aussi entraîné à
décrire certains mouvements avec trop de minutie. Au
résumé, c'est un des documents les plus précieux que nous
ayons sur cette grande époque; et l'auteur, déjà distingué
par un précis de stratégie, a prouvé qu'il aurait été fort
capable d'en être l'historien. Le général Muffling, adop-
tant un système opposé, a remporté la palme par les relations lumineuses, brèves et profondément stratégiques
qu'il a publiées; mais il a abondé dans son sens, et un peu
moins de partialité ne donnerait que plus de prix à ses
ouvrages vraiment estimables.

S. A. R. l'archiduc Charles nous a donné, dans sa relation des campagnes de 1796 et 1799, un modèle d'histoire spéciale. Le prince y a fait abnégation de lui-même,
autant que le peut un grand capitaine. Il oublie le rôle de
général en chef pour celui d'historien; et il faut avouer
que ses dernières relations contribueront à fixer les bases
d'une bonne histoire militaire. Il suffira, pour approcher
de la perfection désirable, d'élaguer quelques détails sur-
abondants, qui ne font que nuire à l'ensemble de l'exposition générale et n'appartiennent qu'à un journal d'armée.

Les Anglais n'ont pas fourni beaucoup d'écrivains militaires : Lloyd attend un successeur; le colonel Jones, dont
on ne peut contester le talent, ne s'est pas élevé à cette
hauteur. Une partialité évidente et des déclamations
indignes d'un grand écrivain déparent son histoire de
la guerre d'Espagne, qui manque d'ailleurs de bons

documents sur les opérations des Français. Le colonel Napier, le général Murray préparent, dit-on, de grands ouvrages sur les campagnes où les armes britanniques se sont illustrées. L'Europe doit les attendre avec empressement, car le mérite connu de ces officiers est un gage de réussite (1).

Si la Russie a eu dans Karamsin un historien des plus remarquables, elle a été longtemps dénuée d'historiens militaires par une raison facile à concevoir, mais qui n'existe plus.

Depuis la relation apologétique de la campagne de 1769, aucun écrit de ce genre n'avait paru en Russie; car nous comptons la relation des campagnes de Benningsen en 1807, par le major Bork, comme un ouvrage incomplet et d'ailleurs écrit par un étranger.

M. de Boutourlin a ouvert la carrière avec quelque succès, par sa relation de la campagne d'automne en 1813. Cet opuscule intéressant a trouvé des antagonistes, qui lui reprochent une critique trop rigoureuse, et trouvent mauvais qu'il blâme des combinaisons couronnées par la victoire. Sans vouloir entrer ici en discussion sur le mérite des observations du colonel Boutourlin, nous ne devons pas dissimuler que le succès ne saurait justifier une manœuvre essentiellement fautive, de même qu'une défaite ne provient pas toujours d'une faute. Blucher eût été repoussé à Planchenoi et Wellington culbuté à la Haie-Sainte, que leur mouvement combiné n'en eût pas moins été une opération habile, et la marche de Grouchy sur Wavre une faute. Et si la bataille de Leip-

---

(1) Ceci, on se le rappelle, fut écrit en 1827, l'ouvrage de Napier a paru depuis. L'auteur en dit quelques mots plus loin.   (*Note de la rédaction.*)

zig fut gagnée en définitive par les armées alliées, pourrait-on de bonne foi l'attribuer aux étonnantes dispositions projetées à Pegau, le 15 octobre, par le prince de Schwarzenberg? Ainsi M. de Boutourlin n'a pas tort, sous le rapport de l'art, quand il blâme parfois les vainqueurs.

L'histoire critique est le flambeau de la science; l'archiduc Charles et le général Jomini nous en ont fourni des preuves irrécusables; et tout ce qu'un général célèbre peut exiger d'un écrivain, c'est que la critique soit décente, modérée et accompagnée de tous les motifs qui peuvent démontrer une faute, ou l'atténuer.

M. de Boutourlin, en écrivant plus tard la célèbre campagne de 1812, afin d'élever un monument à l'armée russe, a rempli un devoir patriotique, et l'Europe doit lui savoir gré de son entreprise. Il transmet à toutes les nations un tableau fidèle des mesures prises par son gouvernement pour soutenir cette lutte à outrance, et retrace les vaillants efforts de l'armée pour répondre à l'attente de son souverain. M. de Boutourlin eût peut-être mieux fait de donner à son ouvrage le titre de relation, que celui d'histoire. La campagne qu'il décrit n'est qu'un fragment de la guerre, qui a fini par le traité de Paris de 1814, ou pour mieux dire par la bataille de Waterloo en 1815. Or, un épisode seul ne constitue pas une histoire, lors même qu'il embrasserait les intérêts de toute l'Europe; ce qui n'est pas le cas, puisqu'il ne dit mot de la formidable lutte qui avait lieu dans le même temps en Espagne. Outre cela, M. de Boutourlin n'avait pas les documents nécessaires relatifs à l'armée française; dès lors, il a dû se livrer à maintes suppositions hasardées sur les intentions de Napoléon.

Plusieurs feuilles ont déjà signalé le mérite et les défauts de cet ouvrage. Le *Journal de Paris* lui a reproché d'avoir élevé le maréchal Koutousoff, aux dépens de ses compagnons d'armes. Ce journal a d'ailleurs loué le chapitre premier, qui offre un coup d'œil piquant sur les principaux événements politiques de 1800 à 1812, et sur celui renfermant le récit de la bataille de Borodino, dont la renommée éclipsera dans la postérité les actions les plus sanglantes des temps modernes. La description qu'en a faite M. de Boutourlin offre sans doute des lacunes et contient quelques erreurs ; mais à tout prendre, c'est un morceau d'histoire militaire dont le mérite égale ceux qui l'ont précédé. Nous avouerons qu'il eût été possible de lui donner plus de mouvement et de chaleur, car aucune bataille n'a offert moins de ces manœuvres compliquées, dont l'explication nécessairement minutieuse interdit les amplifications de la rhétorique : c'était la lutte des Titans ; mais une lutte pour ainsi dire individuelle entre 40 divisions qui, se choquant de part et d'autre sans grandes combinaisons de tactique, offraient un large champ aux élans de l'éloquence. Mais en admettant même que la froideur de ce récit soit un défaut aux yeux des gens du monde, qui lisent moins pour s'instruire que pour se désennuyer, tous les militaires l'excuseront. Ils se consoleront de la pâleur du coloris, en considération de l'exposition claire et précise des chocs héroïques multipliés qui eurent lieu entre Borodino et Femenskoe.

On ne sait ce que l'on doit admirer le plus de l'impétueuse bravoure des colonnes de Ney et de Davoust, se précipitant sur ce dernier village, ou de la valeur inébranlable des troupes de Woronzoff, de Kanownizin et de Bagration qui en disputent les abords. La grande redoute du centre, défendue par Paskewitsch et Raefski, fut le théâtre de faits non moins éclatants. Ici, le général Paskewitsch, soutenu à propos par Wassiltchikof, repousse les efforts de l'intrépide Morand et des colonnes du viceroi. A l'extrême gauche des Russes, Touczkof ne déploie pas moins de valeur contre les attaques du prince Poniatowski. Les assauts réitérés de Souvarof contre le plateau de Novi, les batailles de Torgau et de Kunersdorf semblent des jeux, en comparaison de cette journée à jamais mémorable où, pour nous servir de l'expression de l'auteur, *l'enfer semblait avoir déchaîné ses fureurs* et dans laquelle cent mille braves blessés ou tués attestèrent l'héroïsme des combattants.

M. Koch a rendu, dans le *Bulletin des sciences militaires*, un compte très-étendu de l'ouvrage. Nous ne pourrions le suivre dans cet examen détaillé, sans nous exposer à d'inutiles redites. Le publiciste français fait preuve d'impartialité, en préférant les jugements militaires d'un auteur qui fut son ennemi, à ceux des écrivains de sa nation qui ont traité la même campagne avant lui.

L'histoire de M. de Boutourlin péchera sans doute aux yeux des étrangers par une nomenclature par trop minutieuse des bataillons et des escadrons qui se sont distingués. Cela intéresse les nationaux, mais dépare l'histoire, à moins que la désignation ne devienne essentielle à l'intelligence du mouvement et pour signaler la partie de la ligne où se passe l'affaire. Mais on ne saurait imputer ce défaut à l'auteur; car il n'écrit que dans le but de faire connaître ces beaux faits d'armes particuliers.

(1) Dix ans plus tard M. Boutourlin rédigea une histoire militaire de Pierre le Grand : mais cet ouvrage, n'ayant paru qu'en langue russe, n'est guère connu.

L'ouvrage de M. le marquis de Chambray sur la campagne de 1812 tient un rang distingué parmi les écrits de ce genre. Le tableau de ce grand désastre des armées françaises avait malheureusement rembruni les idées de M. de Chambray, et le pinceau de l'auteur s'en est fortement ressenti. Si l'écrivain n'avait fait que dévoiler les fautes qui ont été commises dans cette malheureuse campagne, son ouvrage serait irréprochable ; mais il laisse percer trop souvent une inimitié personnelle ; et la partialité est une tache ineffaçable dans une histoire. L'auteur a beau protester de ses bonnes dispositions à l'impartialité ; le public n'y croit plus, dès qu'il aperçoit le moindre penchant à l'esprit de parti. Sans ce défaut, nous n'hésiterions pas à placer l'ouvrage de M. de Chambray au nombre des mieux conçus et des mieux exécutés. Nous lui contesterions néanmoins quelques points de vue stratégiques, sur lesquels nous ne sommes pas d'accord avec lui.

Que pourrons-nous dire de l'ouvrage de M. de Ségur, sur cette terrible catastrophe de 1812? Est-ce une histoire? est-ce un poëme? Nous pensons en conscience que c'est un peu l'un et l'autre. Si un style vif, élégant, animé donne un grand charme aux yeux des lecteurs de salons, il nuit à la gravité des débats historiques, surtout pour les récits militaires. M. de Ségur est un habile peintre, un écrivain séduisant, mais son livre ne saurait en vérité compter comme une histoire militaire.

Le colonel Koch, sous le titre modeste de *Mémoires sur la campagne de 1814*, a donné une bonne relation de ces derniers efforts de Napoléon, pour soutenir son empire chancelant. L'auteur y a déployé des connaissances profondes, et sa méthode mérite d'être recomman-

déc à ses compatriotes. Aussi bon Français que tout autre,
M. Koch ne déclame pas sans cesse en faisant le récit des
exploits de ses compagnons d'armes, comme tant d'autres
écrivains. Le seul reproche qu'on puisse lui adresser,
c'est de ne pas avoir assez tenu compte des motifs politiques secrets qui ont déterminé bien des faux mouvements de la part des alliés. Les combinaisons défensives
de Napoléon dans cette belle campagne entre l'Aisne
et la Seine ne perdent rien de leur mérite, pour avoir
été facilitées par les vues particulières de Schwarzenberg, ou par les intérêts de son cabinet; mais il est
constant qu'on ne saurait juger la campagne, sans pénétrer dans le secret des négociations et sans lire l'ouvrage que le général Muffling vient de faire paraître
récemment.

Nous terminerons cette analyse par un examen des
mémoires du baron Fain et de deux ouvrages qui ont
paru depuis peu sur la mémorable campagne de 1809.
Commençons par ces derniers : l'un est de M. le comte
Alexandre Delaborde, l'autre de M. le général Pelet.
Tous deux excitent tant d'intérêt, qu'on ne sait auquel il serait possible d'accorder la moindre préfé-
rence.

M. Delaborde, publiciste et voyageur distingué, possédait
tous les talents requis pour retracer ces événements, dont
il avait été en quelque sorte témoin oculaire. Il avait aussi
porté la cuirasse avant de manier la plume, et il était
compétent pour apprécier les combinaisons des généraux.
Il les retrace avec clarté, souvent avec chaleur. Les
petites excursions qu'il fait dans le champ de l'histoire
ancienne ou de la politique moderne ajoutent un prix
réel à ses dissertations. Les plans joints à cet ouvrage sont

précieux pour les hommes qui aiment à suivre pas à pas
les combinaisons d'un grand capitaine, afin de les bien
saisir et d'être à même de les apprécier.

La quadruple bataille de Ratisbonne est un des morceaux d'histoire les plus précieux. L'événement en lui-
même est classique. M. Delaborde était à la hauteur de
son sujet, et il l'a bien prouvé en résumant la bataille
d'Abensberg qui détermina l'isolement des deux ailes
de l'archiduc Charles. Il s'exprime ainsi : « Pendant que
« Napoléon écrasait la gauche des Autrichiens, Davoust
« restait seul avec 26 mille hommes au plus, pour tenir
« tête à la grande armée autrichienne, forte d'environ
« 72 mille hommes, sans compter les 60 mille des
« généraux Bellegarde et Kollovrath qui auraient pu, dès
« le 19 au soir, passer sur la rive droite et prendre part
« aux actions; c'est-à-dire, que par les marches diver-
« gentes de ses colonnes et le défaut de notions sur
« la position des Français, l'archiduc avait d'un côté
« 120 mille hommes paralysés par 26 mille; et de l'autre,
« 40 mille écrasés par 80 mille. »

Après avoir exposé les opérations que le prince aurait
pu entreprendre, pour balancer les succès obtenus par
son adversaire, l'auteur continue :

« Lorsque l'ennemi, dit Machiavel, porte toutes ses
« forces sur l'une des ailes, les grands capitaines de l'an-
« tiquité ont toujours eu pour principe de lui opposer un
« mouvement semblable de l'autre côté, afin de l'arrêter
« dans ses projets. Ils pensent moins alors à renforcer le
« point menacé, qu'à redoubler d'efforts sur la contre-
« partie qu'ils lui opposent. »

A ces citations qui prouvent le mérite de l'ouvrage
sous le rapport de la science, nous ne saurions nous dis-

penser d'en ajouter une, qui donne une juste idée de la capacité de l'auteur pour le genre descriptif.

Il s'agit du premier passage du Danube à l'ile de Lobau.

« C'était un spectacle intéressant de voir Napoléon sur
« le rivage s'occuper des moindres détails de l'embarca-
« tion de ses troupes, indiquer comment elles devaient
« faire entrer les canons dans les bateaux, ce qu'on devait
« observer pour ne pas être entraîné par le courant,
« tandis que sans doute, pendant ce temps, il méditait de
« plus hardis projets. Au moment où chaque bateau
« quittait le rivage, les musiciens des régiments, placés
« au milieu des canons et des munitions, formaient un
« concert sur le fleuve. Lorsqu'on cessait d'en entendre
« un, un autre reprenait : et dans le lointain, le bruit de
« la mousqueterie se mêlait à cette musique guerrière.
« Le soleil se couchait majestueusement à l'horizon et
« se préparait à éclairer le lendemain une scène plus ter-
« rible et plus imposante. »

Nous n'en finirions pas, si nous voulions indiquer tous les passages remarquables de cet ouvrage : il n'est pas une page qui n'excite le même intérêt. On reproche seulement à l'auteur d'avoir défiguré beaucoup de noms propres et d'avoir omis dans les plans plusieurs noms indispensables pour sa relation.

On aurait cru qu'après M. Delaborde, il n'y avait plus rien à dire sur cette campagne : cependant M. le général Pelet a su exciter un degré d'intérêt peut-être supérieur, non-seulement par les précieux documents qu'il a joints à sa relation, mais encore par les points de vue stratégiques qui la distinguent. Toutefois, il faut l'avouer, M. Pelet est trop exclusivement militaire; et dès qu'il quitte les combats, il tombe dans la déclamation. L'amour national et un attachement fort respectable à la gloire de son ancien chef l'entraînent. Il fait de la politique en séide et non en homme d'État. Il pousse les écarts de l'imagination au plus haut degré lorsqu'il nous reconte naïvement que c'est le comité secret de l'éternelle coalition qui a brûlé Moscou. Pourrait-il nous dire de quelle éternelle coalition il s'agit? Est-ce celle de 1793, dont l'Autriche était la base contre la France? ou celle de la France et de la Russie contre l'Autriche en 1809 ? ou enfin la coalition de 1812 dont l'Autriche était un membre principal en faveur de la France ? Grâce à ce grand mot de coalition, les hommes qui ne connaissent pas à fond les intérêts des États et la marche diplomatique des affaires de l'Europe croient définir un grand complot contre les nations. C'est un géant fantastique, que leur imagination se crée, pour expliquer des combinaisons dont ils ne voient que la superficie.

Entraîné par ces utopies, M. Pelet trouve affreux que l'Autriche ait voulu se venger de deux guerres malheureuses et qui lui avaient coûté le quart de ses États et toute son influence en Allemagne et en Italie. Il regarde comme une perfidie qu'elle ait profité de la déplorable invasion de l'Espagne pour reprendre ce qu'elle avait perdu. Le général Pelet a assez de talent et d'énergie pour que nous ne balancions pas à décider qu'il eût agi comme le cabinet de Vienne, s'il se fût trouvé à sa place.

Il en est de même de la Prusse, qui avait été bien plus humiliée encore et dont les sentiments hostiles en 1809 devaient être un sujet d'éloge bien plus que de blâme. On est d'autant plus étonné de ce manque de justesse dans les points de vue, que l'introduction renferme des beautés et s'élève souvent à de hautes combinaisons politiques, particulièrement en ce qui concerne l'Espagne.

L'ouvrage est un peu long, car cette seule campagne ne compte pas moins de quatre volumes. Mais quel charme l'auteur a su répandre sur ces longueurs! surtout à partir du chapitre IX, où commence réellement son récit.

Nous ne le suivrons pas dans l'arène qu'il a parcourue avec tant de succès. Nous conseillons à tous ceux qui aiment le récit de glorieux exploits, de lire avec soin cet ouvrage; et si le cœur ne leur bat pas à cette lecture, ils ne doivent jamais prétendre à devenir des militaires distingués.

Il est malheureux qu'un si bel ouvrage soit parfois entaché de partialité. Quand il s'agit de louer Napoléon et Masséna, l'auteur oublie toute autre considération. S'il est quelquefois juste, soit en prouvant la nullité de Berthier, soit en exposant le mérite de l'archiduc Charles, c'est toujours pour relever la gloire de ses demi-dieux. Nous le répétons : son attachement est louable; il contraste avec les sentiments de ces Français qui se complaisent à dénigrer leurs grands hommes. Mais quand on veut manier le burin, il faut savoir comprimer ses affections : *et tout en admirant la nation et le chef qui a été sur le point de réaliser l'idée d'une monarchie universelle sur le continent européen, il ne faut pas regarder, comme des complots, les moyens que les intéressés prenaient pour déjouer des projets dont le résultat eut inévitablement amené leur ruine.*

Un peu plus de modestie ne gâterait rien aux titres de l'auteur. Personne ne lui conteste son rare mérite : pourquoi veut-il contester celui des autres ? Il prétend que tout ce qui a été écrit sur les guerres de Bonaparte en

Italie n'est que la copie de ce que lui-même avait fait au dépôt de la guerre sur ces campagnes. Ne lui en déplaise, cette assertion est dénuée de fondement.

Nous terminerons cette critique par une citation propre à faire connaître le genre de coloris qui distingue les mémoires de M. Pelet. Nous l'emprunterons à la bataille d'Eckmühl (22 avril 1809) :

« L'infanterie autrichienne, fort maltraitée par la nôtre,
« se retirait de tous côtés dans le plus grand désordre et
« suivie de manière à ne pouvoir rétablir ses rangs. L'ar-
« chiduc voulut la mettre à couvert, en l'échelonnant sur
« les chemins de traverse à gauche de la chaussée. Pour
« gagner la nuit qui approchait et pour arrêter l'impétuo-
« sité de notre poursuite, au milieu de ces plaines qui
« s'étendent jusqu'au Danube, l'archiduc avait placé à
« leur entrée, en dernière réserve, douze escadrons de
« cuirassiers; à leur gauche s'étaient portés 25 escadrons
« de cavalerie légère. Cette ligne de cavalerie, formée en
« avant d'Eglofsheim et à gauche de la chaussée, était
« protégée par plusieurs bataillons de grenadiers logés
« dans Eglofsheim, ou sur les hauteurs boisées. Vers sept
« heures du soir, Napoléon fit porter en avant la cavalerie
« légère et lui ordonna de se prolonger toujours vers la
« droite dans la direction du Danube. Il la fit soutenir par
« les divisions de cuirassiers Nansouty et Saint-Sulpice.
« Après quelques charges, où la cavalerie légère des deux
« partis montra beaucoup de bravoure et même d'animo-
« sité, les cuirassiers autrichiens, qui auraient dû se bor-
« ner à gagner du temps, s'élancèrent sur notre ligne
« avec un courage qui approchait de la fureur. Nos cui-
« rassiers coururent au-devant de l'ennemi : les deux
« masses se choquèrent avec violence, se pénétrèrent sur

« plusieurs points. Il en résulta une des plus épaisses
« mêlées qu'on eût vues depuis bien du temps. L'artil-
« lerie ennemie s'était sauvée à notre approche : tout
« bruit de feu avait d'abord cessé. Il fallait entendre l'hor-
« rible roulement de ce combat à l'arme blanche, ces
« sabres retentissant sur les casques et les cuirasses
« comme le marteau sur l'enclume, le son aigu des trom-
« pettes et les cris affreux des combattants. Quelques
« coups de canon et le feu de l'infanterie venaient de loin
« en loin mêler les éclats de la foudre aux mugissements
« de la tempête. Le fer frappant sur le fer en faisait jaillir
« des étincelles, qui brillaient au milieu de l'obscurité.
« Bientôt la lune se levant éclaire cette terrible et impo-
« sante scène. Les cuirassiers autrichiens, couverts seule-
« ment sur la poitrine, ne s'en montrent que plus
« braves. Dans cette mêlée où l'on se bat homme à
« homme, ils reçoivent de cruelles blessures dans le dos
« et dans les reins, sans pouvoir presque se venger; les
« nôtres, couverts de tous côtés, ne songent qu'à porter
« des coups assurés. Là fut décidée sans appel une
« question débattue dans la cavalerie, celle de la néces-
« sité des cuirasses doubles. » (Le nombre des morts et
des blessés se trouve, dans le rapport, de huit à dix Autrichiens pour un Français.) « Là fut jugée aussi la question
« longtemps contestée de la supériorité de notre cava-
« lerie. Celle de l'ennemi ne put résister longtemps et se
« sauva dans la plus grande confusion, vivement pour-
« suivie sur la chaussée, où les fuyards couraient pêle-
« mêle avec les vainqueurs; un grand nombre fut préci-
« pité dans les marais, à gauche de la route. Deux gros
« carrés de grenadiers autrichiens furent renversés et
« enlevés par nos cuirassiers près de Houffering. Au

« milieu de cette mêlée, le général des cuirassiers enne-
« mis Schneller fut blessé; Stutterheim fut au moment
« d'être pris. On assure que l'archiduc était près de là,
« dirigeant lui-même le mouvement rétrograde du corps
« de Rosenberg. » (L'archiduc arriva plus tard avec la
réserve de Lichtenstein et arrêta la poursuite.)

« Le terrain s'ouvre depuis Eglofsheim jusqu'à Ratis-
« bonne et au Danube; les hauteurs disparaissent presque
« entièrement. L'Empereur se trouvait près de la cava-
« lerie, avec les maréchaux. On dit que Lannes proposa
« de continuer à marcher jusqu'au Danube, de suivre
« l'épée dans les reins l'armée ennemie et de profiter du
« désordre dans lequel elle venait d'être mise, pour
« terminer la guerre sous les murs de Ratisbonne. Les
« autres maréchaux objectèrent l'éloignement et l'extrême
« fatigue des masses d'infanterie, dont une bonne partie
« arrivait de Landshutt dans la journée; la composition
« de l'armée, au milieu de laquelle on comptait de grands
« corps de troupes allemandes; les dangers et les hasards
« des combats de nuit; la résolution que venaient de mon-
« trer les Autrichiens; enfin les moyens de résistance et
« de salut, que l'archiduc devait trouver derrière les rem-
« parts de Ratisbonne. Nos troupes étaient réellement
« harassées de fatigue et de faim. L'Empereur se rangea
« du parti le plus sage et ordonna de former les bivacs. »

L'auteur qui écrit de la sorte est capable de s'élever
aux plus hautes conceptions : il lui suffirait pour cela de
se supposer plus souvent à la place des adversaires dont
il blâme les opérations ou les sentiments, et de raisonner
comme il le ferait s'il se trouvait dans une pareille situation.

Enfin nous arrivons à l'un des ouvrages les plus
remarquables des temps modernes, aux mémoires de

M. Fain sur les campagnes de 1812, 1813 et 1814. Conçu sur un plan excellent , l'ouvrage du baron Fain participe à la fois du genre politique et du genre militaire, dans de justes proportions. Sans doute, il ne sera jamais rangé dans la classe des livres didactiques sur l'art de la guerre; ses relations sont trop sommaires et trop poétiques, pour former le jugement des jeunes officiers; mais il offre un rare assemblage de précision, de rapidité, de lucidité et enfin d'éloquence. Si la partie politique y domine, il présente toutefois un exposé assez juste des combinaisons de la guerre, pour satisfaire les hommes du métier déjà instruits et pour éclairer les gens du monde qui ne jugent que par tradition. En un mot l'auteur mériterait une des premières places parmi les classiques de ce genre, si, comme le général Pelet, il ne péchait par trop de partialité. Nous le repétons : rien de plus naturel que de placer les siens au-dessus de tout ce qui est étranger; mais ce patriotisme doit avoir des bornes, au delà desquelles il devient intolérable dans un historien : l'exagération qui en résulte est plus blâmable encore, quand elle s'adresse à un homme seul, et non à une nation entière.

On doit donc regretter que cet écrivain distingué, en se laissant dominer par d'injustes préventions, se soit en quelque sorte dépouillé lui-même de la couronne qu'il aurait incontestablement méritée.

Entraîné par le désir de louer un grand capitaine, il a trop souvent sacrifié à son héros la vérité, l'impartialité, et jusqu'à la réputation de quelques-uns de ses lieutenants qui l'avaient le mieux servi. Ne peut-on se faire le panégyriste d'un grand génie sans dénaturer son éloge par une exagération qui altère tous les points de vue, et finit par transformer en déclamateur un écrivain habile? Un des premiers résultats de cet esprit d'exagération, c'est de fausser tous les raisonnements sur les causes les plus importantes des événements, et de changer le mérite des combinaisons par une évaluation inexacte des forces respectives. Nous allons en citer quelques exemples :

S'agit-il de prouver l'habileté de Napoléon lorsqu'il voulut pousser l'armée d'Oudinot sur Berlin, cette armée ne compte, dit-on, pas moins de 80 mille hommes ; s'agit-il de justifier sa retraite, alors on prétend qu'elle n'en a pas plus de 60 mille. L'énumération des forces respectives à Lutzen n'est pas plus exacte. Les alliés au lieu d'avoir 105 mille hommes présents à cette bataille, comme le rapporte M. Fain, n'en avaient que 70 mille, non compris le corps de Miloradowitsch, détaché à Altenbourg ; tandis qne les quatre corps français qui entrèrent successivement en action, et que M. Fain évalue numériquement plus faible que l'armée des alliés, s'élevaient à 100 mille hommes.

Il est vrai qu'à Lutzen les Français furent surpris, dans un mouvement de concentration, et que le corps de Ney, composé de jeunes conscrits, soutint à lui seul, pendant trois heures, tous les efforts des alliés alors supérieurs en nombre de moitié. Plus tard, lorsque Marmont entra en action à Starsidel, le 5ᵐᵉ corps avait déjà tant souffert que l'avantage du nombre était encore du côté des alliés. Ce ne fut que vers la fin de la journée à l'arrivée de Macdonald, lorsque la jeune garde attaqua Kaya, que la supériorité numérique du côté des Français devint sensible.

L'admiration de l'auteur pour cette bataille est fort gratuite ; car Napoléon fut surpris en marche, ce qui peut sans doute arriver au plus grand général, mais ne sera jamais un titre de gloire.

Cet événement imprévu eut lieu en dépit des remontrances de Ney, qui prédit, dès le matin, que son corps serait assailli par des forces supérieures. Napoléon ne voulut point y croire; il supposait l'ennemi blotti défensivement derrière Leipzig, et persista dans cette croyance jusqu'au moment où il fut attaqué. Il est juste de reconnaître que l'empereur opposa à cette surprise des mesures fort sages, mais que tout bon général aurait prises; il envoya au secours de Ney tout ce qu'il avait de forces sous la main, sans quoi l'armée eût été percée par son centre et totalement défaite. Toutefois, les combinaisons de cette bataille improvisée sont loin de celles de Rivoli, d'Ulm, d'Austerlitz, d'Iena ou de Ratisbonne.

La même enflure règne dans la narration de la bataille de Bautzen, où l'auteur semble mettre de l'affectation à parler d'une *armée de Barclay*. Ce général n'avait, à Bautzen, qu'un corps de 12 mille hommes, qui venait d'arriver du siége de Thorn; ce ne fut que dans la retraite qu'il commanda l'aile droite, ayant l'armée de Blucher sous ses ordres. Du reste, M. Fain n'est pas le seul qui n'a pas bien rendu compte de cette bataille, jusqu'aujourd'hui aucun historien n'y est parvenu.

Jamais Napoléon ne s'était trouvé dans des conditions aussi favorables qu'au commencement de la journée du 21 mai, si peu connue et si mal appréciée. Il avait près de 180 mille hommes à opposer à 100 mille, et, dès dix heures du matin, la moitié de ses forces ayant *débordé l'armée des alliés sur l'extrémité la plus décisive*, il se trouvait en quelque sorte maître de la principale ligne de retraite de son ennemi. Toute l'aile droite des alliés, sous les ordres de Blucher, étant à peu près enveloppée, ne devait se sauver qu'en passant sur le corps des dix divisions commandées par Ney. Malgré ces immenses avantages, la victoire de Bautzen n'eut aucun résultat ; un concours de circonstances restées jusqu'à ce jour couvertes d'un voile mystérieux, même pour Napoléon, en fut la cause.

Bien que la grande infériorité en cavalerie ait contribué pour beaucoup à rendre la victoire incomplète, il faut avouer que les premières dispositions de la bataille, parfaitement conçues, furent mal exécutées : Napoléon resta avec sa garde et toute la cavalerie à la droite, bien que cette aile ne fût que le point secondaire de son ordre de bataille. La droite fut aussi trop sérieusement engagée, tandis que la gauche, où on aurait dû porter les plus grands efforts, ne le fut pas assez. Si cette faute ne peut être précisément imputée à l'empereur , il n'y fut néanmoins pas totalement étranger, car il semble qu'il aurait dû se trouver, avec la garde et toute la cavalerie, à la gauche, au point décisif, où il fallait frapper le coup duquel dépendaient, non-seulement le gain de la bataille, mais aussi les fruits de la victoire et peut-être le sort de son empire.

La seconde période de cette mémorable campagne, moins favorable à Napoléon, n'en fut pas moins glorieuse ; nous sommes d'accord avec M. Fain sur tout ce qu'il trouve d'admirable dans la conduite de l'affaire de Dresde, et dans le projet que l'empereur avait conçu, la veille de cette bataille, de passer l'Elbe à Kœnigstein. Mais l'historien pèche toujours par une tendance incessante à l'exagération et par l'ignorance où il paraît être de ce qui se passait chez les alliés.

Il affirme que Schwartzenberg n'apprit l'arrivée de Napoléon qu'au moment où le combat du 26 était fortement engagé. C'est une erreur. Il est assez connu que le général autrichien en fut informé cinq heures avant l'attaque, que les souverains avaient même décidé qu'on ne livrerait point bataille, et que l'engagement n'eut lieu que parce qu'on oublia de donner contre-ordre!!! De là l'inexactitude de toute la relation et des conséquences qu'on en tire. Du reste, si jamais la relation de la bataille de Dresde est faite par un écrivain habile et bien informé, ce sera le morceau d'histoire militaire le plus piquant, le plus instructif et le plus extraordinaire qui ait probablement jamais vu le jour.

Les dissertations sur les opérations des alliés, et les reproches que M. Fain a adressés aux généraux français qui y trouvèrent quelque mérite stratégique, sont si étranges, qu'on est forcé d'y reconnaître une animosité regrettable. Ce n'était certes ni par crainte de se mesurer avec Napoléon, ni pour l'user *à la Fabius*, à force de temporisation, que Blucher se replia constamment devant l'empereur, car ce général prussien était tout ce qu'il y a de moins Fabius au monde : sa conduite, dirigée par deux hommes habiles, était fondée sur une juste application des principes de la guerre. En effet, les forces des alliés étant divisées en trois armées, deux de ces armées doivent être secondaires et nécessairement destinées à faire diversion; la troisième, beaucoup plus forte, dirigée par les souverains, se réserve de frapper les coups décisifs.

Dès lors, il est naturel que les armées secondaires doivent éviter la bataille partout où Napoléon se trouvera en personne, car là où Napoléon et la garde se trouvent, là aussi doit se rencontrer le gros des forces françaises; or il serait dangereux, pour les deux armées secondaires des alliés, de vouloir lutter avec toutes les chances contre elles.

Tel fut le principe fondamental du plan de campagne d'après lequel Blucher ne devait pas s'engager témérairement. M. Fain ne pouvait l'ignorer, puisqu'il a lu et commenté la relation du colonel russe Boutourlin. Si le plan des alliés péchait en quelque chose, ce n'était certes pas en ce point-là, mais bien dans la direction assignée à l'armée principale de marcher de prime abord sur Leipzig sans s'inquiéter de ce que ferait Napoléon. L'auteur, qui n'a pas su apprécier cette faute capitale, en trouve une dans la partie du plan qui méritait le plus d'éloges, celle qui devait assurer aux alliés les chances les plus favorables en ne les engageant à des batailles sérieuses qu'au moment et dans le lieu où cela leur conviendrait le mieux. N'y a-t-il pas un peu de naïveté à ne voir dans une disposition si sage que l'effet d'une circonspection poussée jusqu'à la pusillanimité, surtout lorsqu'elle repose, comme celle-ci, sur les maximes les plus incontestables de la stratégie ?

Si Blucher eût accepté la bataille contre le gros des forces françaises, il l'eût perdue, et dès lors les désastres de la Katzbach et de Denewitz n'auraient pas eu lieu ; la campagne entière eût été décidée en faveur de Napoléon, et peut-être dominerait-il encore en Europe. On ne saurait en vouloir à ses partisans de regretter de si beaux résultats, mais ils ne doivent pas pour cela dénaturer les faits, lorsqu'ils veulent écrire l'histoire.

Était-il donc nécessaire d'élever Napoléon sur un piédestal fantastique pour le rendre grand ? *Ne sera-t-il pas à tout jamais le géant de la guerre*, auquel nul autre ne saurait être comparé ? En effet, Alexandre de Macédoine, que nous considérons comme le plus grand capitaine de l'antiquité, put envahir de vastes contrées et s'y maintenir, n'ayant à lutter qu'avec les cohues efféminées de Darius ; deux batailles lui suffirent pour être maître de l'Asie, tandis que les nombreuses victoires de Napoléon durent être remportées sur les nations les plus guerrières et les armées les mieux organisées de l'Europe. Ne serait-ce pas grandir l'Empereur que de rendre justice à ses ennemis au lieu de les rabaisser ? Il est vrai que la forme et le titre modeste du livre de M. Fain le dispensaient de la sévère impartialité de l'histoire, puisqu'il n'avait en vue que l'éloge de son héros et de fournir un jour des documents précieux ; mais dans ce but même, l'éloge n'est que plus complet lorsque le mérite du héros est relevé par celui de ses adversaires.

Le récit de l'affaire de Gross-Beeren n'est pas à l'abri de reproches. On ne veut pas convenir qu'on n'apprécia pas toute la grandeur des préparatifs de la Prusse et qu'on crut n'avoir affaire qu'à 50 ou 60 mille Suédois et Prussiens, tandis que Bernadotte, avec les corps russes de Woronzof et de Walmoden, avait 120 mille hommes. Il est vrai qu'à Gross-Beeren il n'y eut pas plus de 70 mille alliés présents, et que les trois corps gallo-saxons réunis en comptaient autant ; mais ces derniers s'engagèrent partiellement, et les règles de la tactique voulaient qu'Oudinot attaquât, avec le gros de son armée, ou l'une des ailes ou le centre des alliés ; l'armée française se présenta au contraire sans ensemble et en ordre parallèle sur trois routes différentes ; elle en fut punie : son centre, la partie faible, fut accablé, et la droite repoussée, avant que la gauche arrivât sur le champ de bataille. Napoléon s'attendait d'autant moins à ce résultat, qu'il avait lancé Oudinot sur Berlin avec la conviction qu'il y entrerait.

La relation de l'affaire de la Katzbach offre aussi sa part à la critique. Ici M. Fain avait beau jeu pour blâmer les opérations de Macdonald; mais il préfère glisser légèrement sur cette malheureuse rencontre..

Il est vrai que Souham n'exécuta pas les ordres de Macdonald, et que son arrivée ne fit qu'augmenter le désordre dans le défilé de Kroitsch; mais si Souham, au lieu de marcher droit sur le canon, avait fait, comme il en avait reçu l'ordre, un long détour par Liegnitz, il serait arrivé quatre ou cinq heures trop tard sur le champ de bataille, ce qui n'eût rien changé au désastre du centre, causé par cette malheureuse manie des engagements partiels.

Ces deux défaites ont soulevé une question importante : pourquoi Napoléon engageait-il ces deux armées secondaires au lieu de les laisser sur la défensive, pendant que lui, avec le gros de ses forces, frappait les coups décisifs ?

La réponse à cette question n'est pas facile pour ce qui est relatif à l'armée d'Oudinot, car sa marche sur Berlin dut être probablement une combinaison politique bien plus qu'une opération stratégique. Quant à l'armée de Macdonald, il est certain que les instructions données par Napoléon, lorsqu'il quitta la Silésie pour courir au secours de Dresde, étaient parfaitement conçues. Le maréchal avait ordre de choisir une bonne position pour engager l'ennemi dans des mouvements hasardeux et fondre alors sur lui avec toutes ses forces. On sait à quel point Macdonald comprit mal la tâche qui lui était assignée.

C'était là une belle occasion de rejeter sur les lieutenants de Napoléon l'insuccès de son brillant plan de campagne. Nous sommes surpris que M. Fain l'ait négligée.

En échange il a été plus sévère envers Vandamme, qui s'attira, dit-il, le désastre de Culm en quittant Peterswalde sans ordre, ce qui n'est pas bien constaté, car les alliés trouvèrent une lettre qui prescrivait à ce général de se porter sur Tœplitz, et de se diriger même sur Prague, dès qu'il verrait déboucher l'armée destinée à le soutenir. A la vérité, cet ordre avait été écrit à Stolpen, avant la bataille du 26, lorsque Napoléon avait eu l'idée de se porter par Kœnigstein et Pirna sur la ligne de retraite des alliés : si on ne l'avait pas formellement révoqué, le changement de plan qui avait décidé Napoléon à déboucher par Dresde l'annulait naturellement, et Vandamme n'aurait dû pousser que jusqu'à Gishubel ou Peterswalde.

Un épais nuage plane encore sur les véritables causes de ce grave événement : l'auteur de la *Vie politique et militaire de Napoléon* a fait de louables efforts pour le dissiper, et s'il n'a pas précisément réussi, il a soulevé une partie du voile. On assure qu'un ordre porté le 28 par le colonel Sprungli prescrivait à Vandamme de continuer la poursuite sur Tœplitz, sans dire un mot du retour de Napoléon à Dresde, mais annonçant au contraire le soutien du corps de Saint-Cyr et de la jeune garde. Si la chose est exacte, la faute serait évidemment au prince de Neuchâtel qui aurait mal interprété les intentions de l'Empereur, ou négligé de les transmettre par suite des embarras de son retour subit et inattendu à Dresde.

Le cadre restreint de cette notice ne nous permettant pas de nous étendre trop sur ce sujet, nous nous bornerons à une seule réflexion. En admettant la rigide exactitude du discours de Napoléon au général Haxo, tel que M. Fain le rapporte, peut-on rejeter tout le blâme sur le général Vandamme ? N'avait-il pas la mission de s'emparer de Peterswalde, pour agir sur les communications des alliés si on les battait devant Dresde, et pour recueillir les fruits de la victoire ? Ne lui prescrivait-on pas *de ne point se laisser imposer par des cohues de fuyards, et ne lui promettait-on pas le bâton de maréchal s'il ramassait beaucoup d'épées de vaincus?* N'ajoutait-on pas que l'on attendait beaucoup de lui?

Est-il étonnant d'après cela que le fougueux Vandamme se soit efforcé d'écraser le corps d'élite russe d'Ostermann qui avait réussi à se faire jour à Gishubel, mais qu'on se flattait d'entamer sérieusement et de détruire? Expédiat-on le 27 ou le 28 un seul ordre précis, pour diriger ou modérer l'ardeur qu'on avait excitée chez Vandamme?

Voilà ce qu'il fallait démontrer pour rejeter sur ce général un échec qui fut probablement la suite d'une indisposition assez grave de Napoléon, ou des soucis qui attiraient son attention du côté de la Silésie et de Berlin. L'ordre apporté par le colonel Sprungli fut sans doute celui qui avait été expédié de Pirna dans la soirée du 28 et qui annonçait que l'Empereur allait suivre avec la jeune garde le mouvement du corps de Vandamme et de Saint-Cyr sur Gishubel : aucun avis contraire ne fut donné, et dans cette situation Vandamme ne pouvait pas demeurer les bras croisés à Peterswalde, si c'était à lui à cueillir tous les résultats et les trophées de la victoire de Dresde, comme on le lui avait précisément recommandé.

Quand on n'est pas juste envers les siens on ne saurait l'être envers ses adversaires. M. Fain a commis une grande erreur en insinuant qu'à l'approche de Vandamme, les souverains réunis à Tœplitz s'étaient enfuis et que l'empereur Alexandre s'était réfugié à Dux. Ce prince descendait les montagnes, pour se rendre d'Altenberg à Dux, selon la disposition de la veille, et ce fut lui qui donna tous les ordres pour diriger les colonnes sur Tœplitz, car le prince de Schwartzenberg était resté à l'arrière-garde au delà des

.montagnes. Dans cette affaire l'empereur Alexandre montra beaucoup de sang-froid et de sagacité. Le roi de Prusse, qui se trouvait à Tœplitz pour y attendre son corps de Kleist, loin de s'enfuir, exhorta les troupes russes à se dévouer pour le salut de l'armée encore engagée dans les défilés, et déploya de l'énergie en se rendant sur le champ de bataille. La cour de l'empereur d'Autriche seule, qui n'avait point participé à l'expédition de Dresde, mais était demeurée depuis huit jours à Budyn et Tœplitz, ne pouvait raisonnablement rester à l'avant-garde; elle partit pour Laun.

Ce que dit M. Fain du mouvement décisif du corps de Kleist n'est pas plus fondé : il avance que ce corps se retirant en déroute devant Saint-Cyr fut amené par hasard sur les derrières de Vandamme; rien n'est moins vrai. Dès la veille, Kleist avait reçu de l'empereur Alexandre l'invitation de venir concourir à l'attaque de Culm, en tombant sur la droite de Vandamme par Ebersdorf ou Kraupen. L'ambassadeur de Prusse Schœler se chargea lui-même de porter l'ordre. Kleist, instruit que le chemin d'Ebersdorf était mauvais et encombré d'équipages, tandis que ses coureurs avaient trouvé la belle chaussée de Peterswalde entièrement libre, préféra naturellement prendre cette chaussée; ainsi, la mise en action de ce corps, sur la communication de Vandamme, fut une manœuvre concertée, et nullement l'effet d'une troupe poursuivie, fuyant à la débandade et cherchant à se frayer un passage.

M. Fain, toujours entraîné par le désir d'accroître les succès de son héros, n'a pas craint de citer à l'appui de ses assertions le témoignage fort suspect d'un pamphlet du colonel Wilson, dans lequel on présente le désordre des alliés, après la bataille de Dresde, comme tellement complet qu'ils n'auraient pu présenter aucune défense, *pas même un bataillon réuni...* Étrange assertion! on affirme, dans une même relation, d'un côté que pas un bataillon de l'armée des alliés n'était en état d'opposer la moindre résistance, et d'un autre côté que cette même armée enlève ou disperse 50 bataillons français.

Comment allier aussi cette assertion d'une déroute complète, avec la belle résistance de l'arrière-garde russe de Wittgenstein vers Dippodiswalde et Altenberg, et avec l'énergie déployée par Ostermann en se frayant un passage l'épée au poing?

M. Fain n'a-t-il pas compris que la citation du colonel Wilson était le plus sanglant reproche qu'il pût adresser à Napoléon, d'avoir renoncé le 28 août à la poursuite d'une armée ainsi désorganisée, où se trouvait le nœud de la coalition aussi bien que le point décisif de la guerre? Il y eut certes un grand encombrement dans les défilés par la faute du parti pris par Barclay de se rejeter sur Altenberg, au lieu de suivre la chaussée de Pirna, ainsi qu'il en avait l'ordre; il en coûta beaucoup de fourgons et de bagages, mais l'armée était intacte et le prouva fort bien.

L'auteur d'un ouvrage aussi important et aussi admirablement écrit que celui de M. Fain aurait dû se défendre d'accusations injustes et portées aussi légèrement; car certes il n'a pas eu l'intention de composer un pamphlet, mais bien d'élever un monument durable à la gloire du plus grand des capitaines : fallait-il pour cela dénigrer à la fois ses lieutenants et ses adversaires?

L'épisode de la marche de Napoléon contre Bernadotte et Blucher, et du projet extraordinaire qu'il avait conçu à Duben, est palpitant d'intérêt sous la plume de M. Fain : le sujet y prêtait, car il y avait de la poésie dramatique et stratégique dans ce projet, un peu aventureux il est vrai. Le Napoléon de ce jour rappelle le Bonaparte d'Arcole !

Toutefois, malgré les séductions qu'offrait ce projet par les avantages résultant de la possession de tous les ponts sur l'Elbe, et bien que l'on pût manœuvrer soit par Magdebourg, soit par Dresde, pour prendre, à travers la Franconie, une nouvelle base sur Mayence, il faut avouer qu'il y avait une extrême témérité dans un plan qui consistait à laisser 500 mille alliés maîtres de l'Allemagne, entre l'Elbe et le Rhin, pour jeter entre l'Elbe et l'Oder 200 mille Français se basant sur la Vistule. Il y avait du grandiose à jouer ainsi son empire, et peut-être sa liberté, pour un projet noblement audacieux : les maréchaux, qui préféraient la sûreté de l'armée à une chance aussi hasardeuse, l'y firent renoncer.

Les militaires qui connaissent à fond la bataille de Leipzig y reconnaîtront plusieurs erreurs ; nous en épargnerons la nomenclature, car elles ne portent que sur des détails, ou sur des faits qui se passaient au quartier général des alliés, dont peu de personnes jusqu'à ce jour ont eu connaissance, que M. Fain ne pouvait guère soupçonner, et qu'il serait trop long de raconter ici.

A ces faibles taches près, le tableau de la terrible tragédie de Leipzig est admirablement tracé par M. Fain : une seule lacune est à regretter, c'est qu'il n'explique pas du tout la funeste inaction de Napoléon le 17 octobre.

A Leipzig comme à Moscou, Napoléon a envoyé un négociateur dont il attend son salut : ses propositions sont susceptibles d'être acceptées ; mais il est possible aussi qu'elles ne le soient pas. La dernière hypothèse est d'autant plus probable, qu'il faut du temps pour avoir la décision des cinq puissances liguées, et dès lors on doit s'attendre à une seconde bataille le 18 octobre. Dans ce cas, est-il prudent de la recevoir adossé à la Pleisse et à l'Elster, quand l'ennemi, renforcé de 120 mille hommes depuis la bataille du 16, ne laisse plus la moindre chance de succès? L'armée française ne devait-elle pas repasser l'Elster pendant qu'elle en avait la faculté? L'Empereur ne compte-t-il pas trop sur la faiblesse et l'engourdissement de ses ennemis? Sa retraite derrière cette rivière n'aurait pas compromis la négociation, son séjour compromet le salut de l'armée. Telles sont les questions que des hommes compétents ont soulevées.

On dit que ce fut la nécessité d'attendre le corps de Reynier, venant d'Eulenbourg avec les parcs et les équipages particuliers de l'Empereur, qui motiva ce séjour. S'il en est ainsi, pourrait-on accuser d'imprévoyance le major général, qui, voyant approcher le triple orage, surgissant à la fois du nord, du sud et de l'est, laissa les équipages et les parcs à l'arrière-garde? Ne serait-il pas probable que la cause de ce retard provenait des trois jours perdus à Duben pour combiner des plans aventureux, et pendant lesquels on ne pouvait prendre aucune mesure dans l'éventualité d'un retour sur Leipzig, puisqu'il s'agissait d'abandonner cette ville aux forces alliées? Là est, selon nous, la solution du problème que présente le séjour du 17 octobre à la droite de l'Elster.

Bien que le but de cette notice ne nous permette guère de nous lancer dans le domaine de la politique, nous ne pouvons nous dispenser d'y faire une légère incursion. Il semble qu'en thèse générale il y aura toujours de la simplicité à compter sur le dévouement chevaleresque d'un allié qu'on a humilié, ruiné et privé de la moitié de ses provinces, comme la France l'avait fait à l'égard de l'Autriche en 1805 et 1809. Tout État qui, à la suite d'une guerre malheureuse, trouve l'occasion de réparer ses échecs, en jetant à propos son épée dans la balance pour la faire pencher du côté de ses intérêts naturels, oublierait toutes les lois d'une sage politique s'il négligeait de le faire. Dès lors il y a plus que de la partialité, de la part de M. Fain, à taxer de trahison insigne les efforts que fit l'Autriche pour remonter au rang dont la France l'avait fait déchoir. Nous ne prétendons certes pas justifier les détours machiavéliques dont M. Fain déroule un tableau si affligeant pour la morale : les trames d'un cabinet ne justifient pas les faux points de vue et les perfidies de l'autre : serait-il donc vrai que les mots ruse, fourberie et politique fussent synonymes? Nous aimons encore à en douter.

Le cabinet de Vienne reconnut qu'il avait tout à espérer de la guerre; il résolut de la faire, mais comme il avait besoin de temps pour s'y préparer et que les batailles de Lutzen et de Bautzen l'intimidèrent un peu, il chercha à obtenir par des négociations, soit une solution pacifique convenable à ses intérêts, soit le temps de finir ses préparatifs; c'est ce qu'en tout pays on a regardé jusqu'ici comme de l'habileté. C'est sous ce point de vue surtout que le peu de succès de la bataille de Bautzen, qui décida de l'accession de l'Autriche, peut être considéré comme la circonstance la plus décisive du déclin de ce formidable empire, élevé avec plus de gloire que de prudence. Peut-être le cabinet de Vienne eût-il atteint le même but en se prononçant plus ouvertement avant cette bataille ; peut-être se donna-t-il gratuitement des torts apparents; quoi qu'il en soit, il faut bien avouer que si la franchise n'est pas toujours avantageuse pour les particuliers, elle ne fut jamais mise au nombre des vertus nécessaires dans les relations diplomatiques internationales; et surtout dans la position tout à fait extraordinaire où la retraite de Moscou avait jeté l'Europe, il était difficile que la franchise devînt alors la règle exclusive des cabinets. En voilà beaucoup trop sur un ouvrage pour lequel nous éprouverions la plus sincère admiration s'il y avait un grain d'impartialité de plus, et si on ne pouvait pas dire à l'auteur ce qu'un célèbre personnage disait à Brantôme : Vous l'auriez mieux loué si vous l'eussiez moins loué...

Enfin il nous reste encore à parler de quelques livres remarquables sur ces grands événements. Le premier est la *Vie politique et militaire de Napoléon racontée par lui-même,* ouvrage anonyme mais attribué au général Jomini.

Cet ouvrage, qui parut en 1827, à une époque où c'était encore un crime de célébrer les hauts faits du grand capitaine, causa une certaine sensation; bien qu'il fût précédé d'un prologue qui lui donnait toute l'apparence d'une fiction dans le genre du dialogue de Sylla et d'Eucrate, il n'en est pas moins vrai que l'on ne trouverait nulle part *un tableau d'ensemble* plus saisissant du grand drame qui portera jusqu'à la postérité la plus reculée le nom de *siècle de Napoléon.* L'auteur manquait peut-être des documents qui auraient pu mieux éclairer la partie politique de son immense cadre, dont il dut tracer les diverses combinaisons par intuition et à l'aide d'une profonde pénétration, plutôt que sur des données officielles. Le chapitre IX de cet ouvrage surtout peut être cité comme une des preuves les plus évidentes de son mérite, car les faits qui y sont présentés comme des actes calculés de Napoléon, n'étaient, à l'époque où ils ont été écrits, que des calculs de probabilités de l'auteur, qui se trouvèrent complétement justifiés par les documents découverts longtemps après la publication de ce livre. Il est à remarquer aussi que l'auteur, en mettant en scène l'Empereur lui-même, a donné à son œuvre un cachet de sincérité et de vérité qui dut augmenter encore les difficultés de son travail ; et cependant, il faut convenir que, si le grand homme eût pu le lire, il n'eût point désavoué l'écrivain, tant celui-ci s'est élevé à la hauteur de ses gigantesques entreprises, sinon dans son style, du moins dans ses appréciations et ses jugements. Un fait particulièrement remarquable, c'est que tout en parlant au nom de l'homme qui affecta constamment le plus de prétentions à l'infaillibilité , le général Jomini sut toujours conserver à son récit un grand fond de justice et d'impartialité envers les adversaires de Napoléon (1). Cet ouvrage restera comme un excellent canevas général, à la fois politique et stratégique, des principales combinaisons de ces mémorables guerres.

Il est vrai qu'on aurait pu donner une tournure plus pittoresque aux récits de combats, en les parsemant d'anecdotes piquantes ; mais en échange, l'ensemble des

______

(1) Deux phrases seulement, dénaturées par quatre mots glissés dans les épreuves en l'absence de l'auteur, par un correcteur infidèle et passionné, présentent un sens tout à fait opposé à celui du texte primitif et font un fâcheux contraste avec l'esprit général de l'ouvrage. L'auteur réclama avec raison en exigeant que l'éditeur substituât des cartons à ces pages, mais le général était alors au fond de la Russie, six mois se passèrent avant que ces rectifications fussent effectuées , le mal était fait. Bien que l'auteur fût parfaitement innocent de ce méfait, le malheureux incident lui suscita de nombreux ennemis à Vienne comme à Berlin.

opérations, et surtout les relations des grands mouvements stratégiques, qui décident autant que les batailles du résultat des campagnes et de la destinée des empires, y sont habilement tracés, et décrits avec une lucidité et une concision qu'on rencontre rarement dans une histoire semblable. Bien des personnes regrettent que l'auteur n'ait pas parlé en son nom, ce qui eût laissé plus d'indépendance à son esprit, et un champ plus libre à son imagination.

Nous ne saurions passer entièrement sous silence les différents fragments historiques publiés par les compagnons de l'illustre captif de Sainte-Hélène, les généraux Montholon et Gourgaud. Ces morceaux détachés ne constituent point *une histoire;* et il serait fort à souhaiter que ces généraux eussent pu en écrire une complète sous la dictée du grand maître. Le livre IX contenant la relation de Waterloo porte l'empreinte du génie de l'auteur; la description stratégique et politique de l'Italie est aussi un morceau unique dans son genre : enfin, les fragments sur l'Égypte, et les campagnes d'Italie, portent le même cachet et inspirent les mêmes regrets de ne pas posséder les commentaires complets du moderne César.

La guerre d'Espagne a fourni matière à beaucoup de mémoires partiels ; les Français surtout ne pouvaient écrire autre chose, puisque leur armée était divisée en cinq ou six fractions sous des maréchaux indépendants les uns des autres, et agissant chacun dans une sphère particulière.

Cette guerre sera donc toujours une des plus difficiles à bien retracer, car elle offre peu de ces grandes manœuvres qui décident des succès entre armées régulières, dont la tâche se borne à se combattre loyalement. Les armées d'Espagne avaient à soumettre toute une nation qui s'était levée comme un seul homme, et pour atteindre ce but elles devaient occuper toute la Péninsule : de là une multitude de corps agissant isolément. Ce fut de loin en loin seulement que deux ou trois de ces corps durent se réunir pour tenter une opération combinée ayant une certaine importance stratégique ; mais la difficulté qu'ils éprouvaient à communiquer entre eux, et la rivalité qui existait entre leurs chefs, firent échouer la plupart de ces combinaisons. Aussi, à part la pointe de Wellington sur Talavera, et les dangers auxquels il échappa à Arzobispo par les mouvements tardifs de Soult et de Ney ; à part la bataille de Salamanque et le grand mouvement de concentration effectué par Soult, pour sauver Madrid, lors de l'évacuation de l'Andalousie, on ne trouve guère occasion de tracer des tableaux d'ensemble de ce qui se passait sur le vaste échiquier de la Péninsule.

De tous les mémoires qui ont été écrits sur cette guerre, ceux du maréchal Suchet sur les campagnes de l'Aragon et de Saint-Cyr sur les opérations en Catalogne, sont les plus remarquables. Ceux de Lafaille, de Lapenne, de Naylies, de Rocca, de Guingret, ont un mérite très-circonscrit. Le général Foy entreprit de tracer l'histoire entière de cette guerre, et quoiqu'il y ait consacré quatre volumes, il était à peine arrivé à la fin de la première campagne, lorsque la mort l'empêcha de terminer un livre qui eût été un véritable monument.

Le colonel Napier, plus heureux, acheva pour les Anglais ce que Foy avait ébauché pour l'armée française. L'histoire du colonel anglais est une relation à la fois politique et militaire d'une valeur réelle, et qui mérite à son auteur un rang distingué parmi les écrivains militaires de son pays. M. Napier a suivi la méthode adoptée par le général Jomini dans sa relation critique de la guerre de sept ans; l'auteur anglais a fait suivre chaque période principale d'un article séparé contenant des appréciations sur les combinaisons des généraux. Ce genre est bon dans un ouvrage didactique destiné à propager des principes, mais dans une histoire il coupe malheureusement le récit; inconvénient que l'écrivain aurait pu éviter en faisant ressortir, par la tournure même de la narration, le mérite ou le défaut de chaque opération.

L'historien anglais s'est aussi complu à raconter de petites anecdotes peu attrayantes pour le commun des lecteurs européens; mais n'oublions pas que cette étonnante guerre, qu'il voulait écrire avant tout pour les Anglais, fournissait de trop belles pages à l'histoire militaire de son pays pour qu'il ne fit pas ressortir, par tous les moyens possibles, les glorieux travaux de l'armée britannique. Du reste, il faut lui rendre la justice de dire qu'il s'est efforcé de paraître impartial et a su relever le mérite de ses ennemis au lieu de le rabaisser, comme cela se voit trop souvent dans les écrits de ce genre. Pour un Anglais surtout, ce sentiment lui fait honneur.

En définitive, malgré les petits défauts que nous venons de signaler et les incidents trop multipliés qui nuisent au grand ensemble des opérations, l'ouvrage du colonel Napier mérite l'estime des lecteurs de tous les pays. Il dénote un excellent jugement militaire; son style est un peu lourd, mais il se peut que la traduction en soit cause et que l'œuvre originale soit de beaucoup supérieure à l'édition française : du reste cela peut aussi provenir de l'extension que l'auteur a donnée aux événements d'un intérêt secondaire, car il serait difficile d'appliquer à des

détails le style à la fois vif, pittoresque, élégant et lucide
des mémoires de M. Fain.

Paris, le 6 mars 1856.

SUPPLÉMENT.

Depuis que la notice précédente a été revue et augmen-
tée, plusieurs ouvrages d'un mérite plus ou moins grand
ont été publiés. En les prenant par ordre de date, nous
citerons d'abord les mémoires sur les campagnes de
1812, 1813 et 1814, du général russe Danilefsky.

Quoique l'auteur n'eût point été élevé pour la carrière
militaire, il fut attaché dans ces campagnes comme capitaine
à la chancellerie du prince Wolkonsky, et eut ainsi à sa
disposition tous les documents de l'état-major russe. Pour
prévenir tout reproche de partialité, M. Danilefsky a dé-
claré lui-même, pour la guerre d'Allemagne surtout, que
son principal but était de venger l'armée russe et l'empereur Alexandre de l'ingratitude des écrivains allemands,
qui attribuaient aux leurs tout le mérite des victoires remportées pendant cette période. Dès lors, il serait difficile
d'exiger de lui une sévère impartialité, et s'il n'a pas épar-
gné les éloges à ses amis, la nature de son ouvrage le
rendait excusable jusqu'à un certain point : on ne connaît
pas néanmoins les motifs qui ont pu le porter à exalter le
mérite du général Toll jusqu'à altérer la vérité, surtout
dans la manière dont il raconte les débats qui précédèrent
la bataille de Leipzig. Il n'est guère plus juste en parlant
de ses ennemis, notamment dans sa relation de la bataille

de Bautzen, à laquelle il n'a rien compris, faute de savoir ce qui se passait dans l'armée française.

Toutefois, bien que M. Danilefsky eût été primitivement élevé pour la carrière civile, il avait un peu étudié les règles principales de la stratégie, et présente les événements avec assez de clarté; mais il décline lui-même dans son avant-propos toute prétention au titre d'historien militaire, en déclarant qu'il repousse de son travail tout récit didactique sur les opérations de cette nature. Du reste l'ouvrage est un panégyrique assez bien écrit et donne beaucoup de notions intéressantes ensevelies jusqu'à lui dans l'oubli.

Plusieurs mémoires d'un genre bien différent ont enrichi récemment la littérature française; les premiers sont ceux du duc de Bellune, publiés par son fils; les seconds sont les mémoires de Masséna, publiés par le général Koch.

Le duc de Bellune, en racontant les exploits de son père, a dû naturellement s'appliquer à faire son éloge. Interrompu par la révolution de février, il n'a publié qu'un premier volume, mais il a donné dans les journaux des chapitres détachés du quatrième, sur la célèbre campagne de 1800. Son récit du passage du Saint-Bernard et celui de la bataille de Marengo sont dignes d'éloges, le premier surtout. Malheureusement, à en juger d'après ce qui a paru, l'ouvrage aura trop d'étendue, car il paraît devoir former au moins une dizaine de volumes, puisque le tome quatrième est déjà achevé et qu'il reste encore toutes les batailles de l'empire à raconter.

En écrivant l'histoire du prince d'Essling sous le titre de mémoires, (dont ce maréchal n'avait probablement fait que rassembler des documents), le général Koch s'est peut-être laissé entraîner aussi à trop de détails.

L'intention, fort louable sans doute, de mieux développer les actions de ce vaillant capitaine, a dû motiver cet entraînement et suffira pour l'excuser. Mais à part ces détails, dont l'historien aurait pu supprimer une partie sans nuire à son récit, et en lui donnant au contraire plus de vie et d'ensemble, on doit reconnaître que cet ouvrage offre un grand intérêt, non-seulement dans les périodes où Masséna commandait en chef les armées, comme en Helvétie, en Italie ou en Portugal, mais encore dans la mémorable campagne de 1809 en Allemagne. Le mérite en est d'autant plus grand, qu'au milieu de son vaste travail, M. Koch, atteint d'une cécité presque totale, dut recourir à des mains et à des yeux étrangers pour tracer, sous sa dictée, ces mille combinaisons compliquées qui constituent l'histoire d'une guerre. On peut, comme Homère et Delille, dicter des poëmes, fruit d'une imagination vive, ardente et sublime dans ses conceptions autant que dans ses expressions ; mais les chants du barde sortent uniquement de son cerveau, tandis qu'il faut de bons yeux et une tête bien susceptible d'application pour discerner, au milieu de tant de rapports diffus, les mouvements multiples d'une armée entière, les suivre sur la carte, et faire saisir tous les fils d'un grand drame comme ceux de Zurich, de Vérone, de Torres-Vedras ou d'Essling. Du reste, M. Koch, ne croyant pas devoir se borner à raconter les actions particulières auxquelles l'*Enfant gâté de la victoire* avait pris une part si active, les a sagement liées par des tableaux pleins d'intérêt qui forment en quelque sorte une histoire des campagnes dont il aurait pu se contenter de tracer les épisodes spécialement dirigés par ce maréchal. C'est ainsi que l'auteur donne un récit intéres-

sant de la bataille de Talavera et de la guerre de la Péninsule, en 1809, bien que Masséna combattît alors sur le
Danube, à Essling, et cela afin de mieux exposer l'état
des affaires en Espagne, lorsque son héros vint prendre le
commandement de l'armée de Portugal. On lui aurait su
plus de gré du récit de 1809, s'il avait fait ressortir plus
vivement les malheureuses circonstances qui empêchèrent
Soult et Ney d'assurer la ruine de l'armée de Wellington,
dans sa retraite de Puente d'Arzobispo : moment le plus
décisif peut-être de toute cette guerre. Mais son excuse
est simple, M. Koch écrivait les mémoires de Masséna et
non les siens.

On peut conclure de ce qui précède combien cette double tâche était plus ardue et plus difficile que celle qu'il
s'était imposée dans sa belle relation de la campagne
de 1814 ; il aurait eu besoin de toutes ses facultés physi-
ques pour triompher complétement de ces difficultés. En
définitive, ces mémoires seront, à l'égal de ceux de Suchet,
un livre d'un intérêt militaire plus vif et plus général que
tous ceux qui ont été publiés jusqu'à présent sur les
exploits particuliers de ces luttes immortelles, et les gens
de l'art y trouveront un mérite incontestable, surtout
lorsqu'ils réfléchiront que l'auteur s'était chargé de faire le
panégyrique du prince d'Essling et non de signaler les
fautes qu'il aurait pu commettre (1).

Enfin, il nous reste à dire quelques mots de la plus
vaste entreprise historique des temps modernes : de l'*Histoire du Consulat et de l'Empire* par M. Thiers. Plus
habile stratégiste que les historiens ne le sont ordinaire-

___

(1) La rédaction du journal se propose de rendre un compte plus étendu
de cet intéressant travail.

ment, et plus politique que les écrivains purement militaires, M. Thiers a eu, sur tous ses compétiteurs, l'avantage de posséder la plus précieuse collection de matériaux qui ait jamais existé, car en sa qualité de président du conseil, toutes les archives les plus secrètes lui ont été ouvertes.

Beaucoup de ses lecteurs, étonnés de la sagacité de ses raisonnements stratégiques, ont prétendu qu'il les avait empruntés à ses devanciers et notamment au général Jomini. Cela n'est pas entièrement juste : la vérité est que M. Thiers, en écrivant l'histoire de la révolution française, tomba heureusement sur la relation des campagnes d'Italie, rédigée par ce général à la suite de son *Traité des grandes opérations militaires,* et qui se terminait par un chapitre intitulé : *Principes généraux de l'art de la guerre.*

Cet important chapitre, auquel tous les récits de ces premières guerres de la révolution étaient rapportés, frappa vivement M. Thiers, qui en saisit toute la justesse; il s'appropria dès lors ces principes aussi bien que M. Jomini avait pu se les approprier lui-même, lorsqu'à la suite de ses profondes recherches sur les causes des succès de Frédéric et de Napoléon, il avait découvert que ces causes étaient toujours semblables et dérivaient constamment de l'application des mêmes principes fondamentaux. M. Thiers, imbu des mêmes maximes que le général Jomini, jugea dès lors les événements absolument comme celui-ci, sans avoir recours à des emprunts de raisonnements qu'il pouvait parfaitement faire lui-même.

Nous ne nous étendrons pas sur ce grand ouvrage, car cette notice succincte n'est point un compte rendu, et l'examen d'un livre comme celui de M. Thiers exigerait

un volume entier. Aussi nous proposons-nous de lui con-
sacrer une notice particulière. En attendant nous nous
permettrons seulement de faire observer que M. Thiers,
ne voulant pas faire une histoire spécialement militaire,
et voulant au contraire écrire pour toutes les classes de
lecteurs, afin d'élever un monument durable et *peut-être
sans égal*, aurait pu se montrer plus avare de détails, car il
les a étendus même jusqu'à des combinaisons de tactique :
s'il eût évité ces détails en se bornant à des aperçus généraux de stratégie, son travail n'en eût paru que plus grandiose. Bien des militaires ont trouvé que les récits de la vie
politique et militaire de Napoléon par le général Jomini et
ceux des mémoires de M. Fain, moins encombrés d'accessoires, faisaient ressortir plus vivement les savantes conceptions stratégiques du grand capitaine. Ce que nous
en disons n'est pas dans le but de déprécier un si bel ouvrage, car vouloir débarrasser un grand monument des
échoppes qui l'entourent, ce serait lui rendre service et
non lui nuire. Du reste, il est évident que M. Thiers, reconnaissant qu'il avait la *bosse stratégique*, s'est complu
dans des narrations toujours pleines de charme pour les
auteurs lorsqu'ils saisissent bien toutes les combinaisons
d'une lutte aussi intéressante.

Cependant, quelle que soit notre estime pour l'*Histoire
du Consulat et de l'Empire*, nous devons avouer que
l'historien croit un peu trop à l'infaillibilité de ses jugements et qu'il se laisse parfois dominer par des inimitiés
personnelles.

En résumé, si l'histoire de M. Thiers offre quelques
défauts, il est juste de reconnaître que c'est l'ouvrage
historique le plus remarquable des temps modernes,
et qu'il fera passer le nom de l'auteur à la postérité plus

sûrement, et d'une manière plus durable, que tous ses succès dans la carrière politique.

En comparant l'histoire du Consulat et de l'Empire par M. Thiers à celle de Louis XIV par M. Quincy et à celle de Frédéric le Grand par Tempelhof, on peut juger de la grande supériorité des historiens modernes sur ceux du xviiie siècle. Mais cette supériorité ne résulte pas seulement d'une méthode mieux entendue, et du talent des écrivains, elle naît encore de deux autres causes : la première, c'est que le système de guerre à la fois impétueux et habile de Napoléon a poétisé, en quelque sorte, les opérations, dont le récit acquiert ainsi un immense intérêt ; la seconde provient de la division des forces en corps d'armée de toutes armes, se mouvant avec plus de facilité et de rapidité, ce qui multiplie les incidents et les péripéties d'une campagne et donne plus de verve à son récit. Et s'il est vrai qu'en multipliant le nombre des pièces à faire mouvoir sur l'échiquier stratégique, on a augmenté pour le narrateur la difficulté de bien coordonner les mouvements simultanés des corps, on a donné aussi bien plus de vie au récit des combinaisons principales auxquelles tous ces corps doivent concourir.

Nonobstant ces vérités, on doit reconnaître que l'archiduc Charles et Muffling en Allemagne ; Pelet, Dumas, Fain et Jomini en France, ont opéré une salutaire révolution dans la littérature historique militaire, et que M. Thiers y a mis le complément par une alliance heureuse de la politique avec la stratégie.

Toutefois, il faut bien l'avouer, si les mémoires et les panégyriques modernes offrent une supériorité incontestable sur les ouvrages qui les ont précédés ; si les pinceaux des historiens que nous venons de citer ont produit d'admirables récits, la sévère Clio veut des tableaux gravés avec un burin vigoureux : or la première qualité qu'elle exige, c'est *l'impartialité*, qui repousse toute exagération et toute appréciation dont l'unique but serait de glorifier une nation ou un homme aux dépens des autres. Quel sera le fidèle disciple de cette Muse qui rédigera l'histoire politique et militaire du grand siècle, et gravera sur des tables d'airain la part de mérite et de blâme qui revient à chacun?

Hélas! nous désirons que ce disciple se trouve un jour, mais nous n'osons l'espérer; car, malgré sa rigidité, Clio fut toujours un peu trompeuse, même sans le vouloir.

Un militaire impartial.

Nous devons rappeler ici que notre intention n'a jamais été de comprendre dans cette notice tous les ouvrages et mémoires plus ou moins bons qui ont paru depuis un siècle; nous n'avons parlé que de ceux qui nous sont le mieux connus, et nous demanderons pardon de notre silence aux auteurs des écrits dont nous n'avons pas fait mention, notamment ceux qui ont paru en Allemagne sur les dernières guerres.

ERRATUM IMPORTANT.

On a imprimé par erreur à la page 5 : Turpin de Crissé *son traducteur*, il faut lire *son commentateur*.

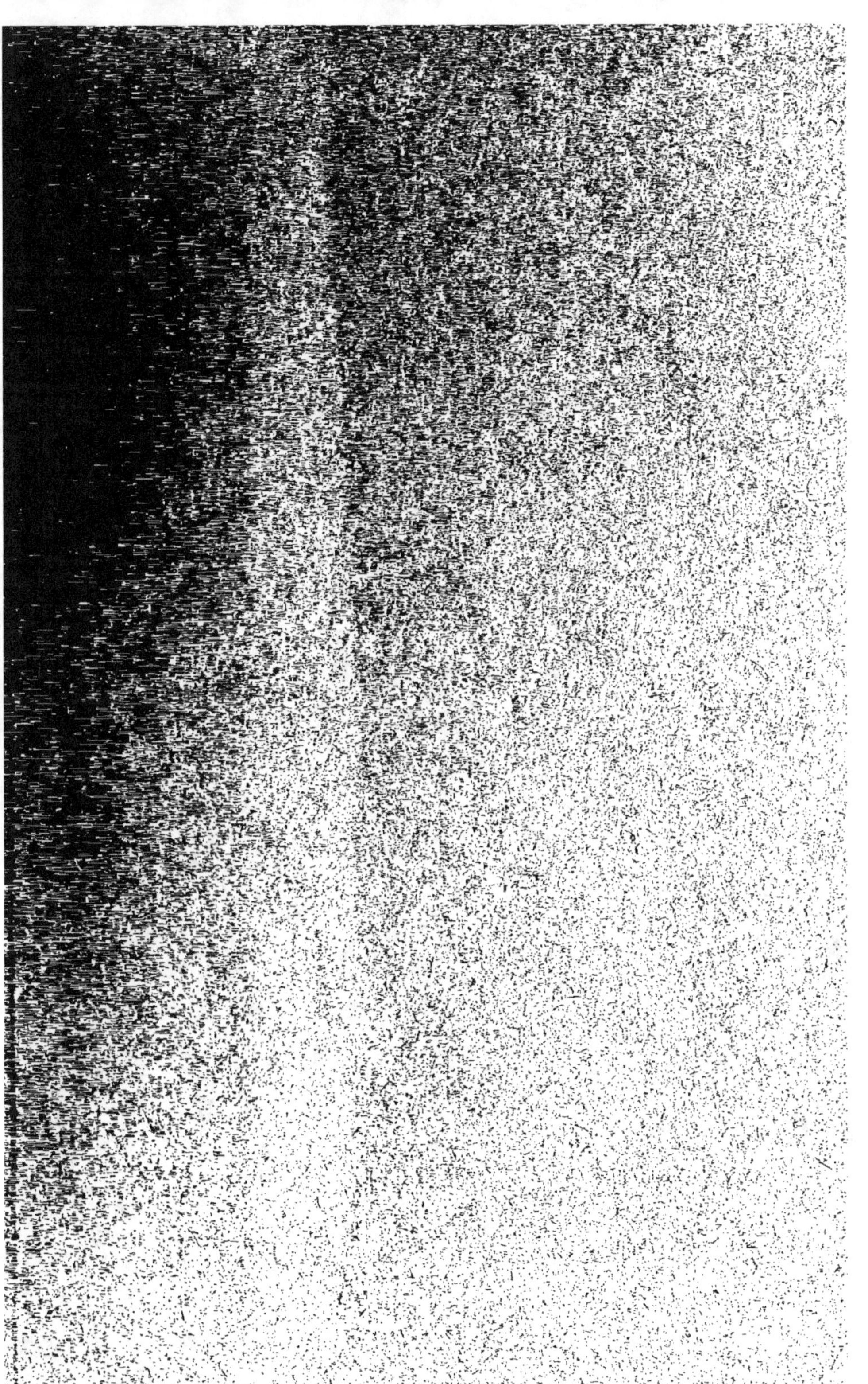